Méditer *avec* PETIT BAMBOU

Rédaction Benjamin Blasco et Ludovic Dujardin.

Avec la collaboration de Amélie Poggi.

Méditer *avec* PETIT BAMBOU

Illustrations Marie Renaud

MARABOUT

SOMMAIRE

INTRODUCTION

Méditer est un art de vivre qui a changé la vie de millions de personnes (dont la mienne) et nous a permis de retrouver un rapport réel et personnel à notre propre vie.

Mais par où commencer ? Par la pratique, ça va sans dire, mais c'est aussi bien en le disant. Reste à simplifier l'accès à cette pratique, à la dédramatiser, et à vous donner des clés.

En utilisant comme porte d'entrée des analogies, allégories ou métaphores inspirantes - et simples

à mémoriser - la découverte de ce qu'est la méditation de pleine conscience se recentre sur son essentiel : vivre le présent, simplement, tel qu'il est.

Ce livre n'est pas un guide de voyage de plus, mais bien le moyen de se mettre en chemin.

Respirez.

Bonne route !

PETIT BAMBOU

« La méditation n'est pas affaire de mots mais de pratique. Il ne sert à rien de lire maintes fois le menu d'un restaurant : ce qui compte, c'est de se mettre à table. »

MATTHIEU RICARD, *L'ART DE LA MÉDITATION**

« État de conscience qui résulte du fait de porter son attention, intentionnellement, au moment présent, sans juger, sur l'expérience qui se déploie moment après moment. »

JON KABAT-ZINN, 2003**.

* © Nil éditions, Paris, 2008.

** Jon Kabat-Zinn est le fondateur du programme de réduction du stress basé sur la pleine conscience (MBSR), qui est utilisé dans plus de 200 hôpitaux et centres médicaux de par le monde. Formé au célèbre Massachusetts Institute of Technology (MIT), il a été le premier à proposer, dès 1979, la méditation de pleine conscience comme remède.

1

Le corps

Vous l'aimez, l'adorez, le détestez peut-être, mais au fond, votre corps est la maison que vous habitez, le lieu qui vous retient sur Terre, indispensable pour vivre.

En méditation, le corps est essentiel; il est un compagnon important, qu'on réapprend à écouter, à aimer, et qui nous aide ainsi à retrouver la joie d'être vivant. Car il arrive trop souvent qu'on perde un peu notre rapport avec lui et qu'il nous devienne presque abstrait. Notre esprit n'est pas séparé de notre corps ! L' un et l'autre vivent de concert.

Pour cela, il va falloir l'utiliser comme un pilier dans votre pratique, comme un outil qui va vous aider à méditer.

C'est en effet à travers la posture que l'on se prépare à méditer, puis, que l'on médite.

À vous donc de trouver cette bonne posture, une posture digne, pas forcément confortable - ce n'est pas le but - qui vous amènera à la méditation.

Votre corps vous parle, écoutez-le et prenez en soin !

N'imaginez cependant pas qu'il va vous laisser tranquille, qu'il va se tenir coi pendant votre pratique.

Peut-être même qu'il va vous gêner, que vous allez sentir un inconfort (des crampes par ici, une démangeaison par là).

C'est là qu'il faudra apprendre à accueillir vos sensations sans vous énerver, avec bienveillance, avec recul, pour passer au travers et continuer sur le chemin du méditant.

LE CAIRN N. M.

En montagne, empilement de pierres stable qui résiste au vent des sommets et qui, visible de loin, sert à guider la route des randonneurs.

DÉFINITION

Pour méditer, il est préférable d'adopter une posture stable qui peut être confortable mais qui, surtout, permet à l'esprit de rester éveillé et attentif tout au long de la méditation. Lorsque l'on est assis le dos bien droit, le support du sol se prolonge dans chaque vertèbre jusqu'à la tête, tel un cairn.

Exercice

Asseyez-vous confortablement, en tailleur par exemple, les mains posées sur le haut des cuisses, paumes tournées vers le ciel ou contre vos jambes. Votre dos et votre tête sont droits, sans être raides, comme si votre tête était tirée par un fil. Les épaules tombent naturellement sur le côté, sans remonter vers les oreilles. Vous voici dans une posture digne et confortable pour méditer.

Exercice

Trouvez un endroit calme où vous installer. Repérez la posture qui vous convient : assis sur une chaise peut-être, les pieds posés bien à plat sur le sol pour vous sentir stable. Sentez que votre dos peut être bien droit sans aucune tension. Pour vous aider à sentir cette verticalité, vous pouvez imaginer que votre dos est comme un cairn. Vos vertèbres trouvent une belle verticalité, sans tension, votre tête repose tout en haut de votre colonne, avec un juste équilibre.

LA RACINE N. F.

Organe souterrain d'une plante servant à la fixer au sol et à y puiser l'eau et les éléments nutritifs nécessaires à son développement. Une racine permet ainsi aux branches de caresser le ciel.

DÉFINITION

Votre posture de méditation doit être digne et stable. En ressentant le soutien du sol au travers de toutes vos zones de contact, vous ancrez votre attention, comme s'ancrent les racines dans la terre.

Exercice

Assis sur le sol, en tailleur ou à genoux, sentez le soutien du sol sous vos cuisses et vos jambes. Vivez cette expérience sans vous l'expliquer, sans la décrire. Entrez dans cette expérience des sensations physiques de votre socle.

Exercice

Assis cette fois sur une chaise, les pieds bien posés à plat sur le sol, ressentez le contact de la chaise sous vos fesses et vos jambes. Prenez le temps de poser votre corps. Ressentez la stabilité et la solidité, comme si vous étiez enraciné dans le sol.

LA GUITARE N. F.

Instrument à cordes que l'on accorde avant de pouvoir en jouer, en trouvant le bon équilibre de tension dans les cordes.

DÉFINITION

Il arrive qu'on peine à méditer, en étant parfois trop concentré – à faire des efforts pour rester focalisé sur l'objet de l'attention (souffle, corps) – ou au contraire en étant trop relâché, à la limite de s'assoupir comme bercé par le souffle et le guidage. Il faut trouver le bon équilibre, le bon dosage, comme lorsque l'on accorde une guitare. La posture du corps permet notamment de trouver ce bon équilibre : bien éveillé, mais relâché et confortable.

Exercice

Prenez le temps de trouver le bon moment, le bon endroit, la bonne posture pour « vous accorder » avant de commencer à méditer. Une posture juste apparaît doucement comme une évidence, même si elle peut changer au cours de la pratique d'une même séance.

Exercice

Laissez de côté vos attentes ou vos objectifs dès que vous êtes assis : ils ont tendance à ajouter des tensions inutiles. Portez une attention équilibrée à votre souffle et à vos sensations corporelles, en y revenant si besoin lorsque des pensées vous entraînent autre part.

LA MAISON N. F.

Bâtiment que l'on construit pour y vivre, pour s'y réfugier.

Il faut prendre soin de son corps, car on y habite toute sa vie, comme dans une maison. L'alimentation et l'exercice sont essentiels, mais méditer permet de prendre l'habitude de se connecter à lui, d'être attentif aux sensations, aux zones de confort ou d'inconfort et d'observer, par l'expérience, les liens multiples entre le mental et le corps.

Exercice

Portez votre attention sur votre corps dans son ensemble : les battements de votre cœur, le sang qui circule, les organes qui travaillent, les sensations de chaleur, les informations qui passent dans vos neurones... Il bouillonne d'activités, parfois avec l'aide de votre esprit et souvent sans que vous en soyez conscient. Reconnaissez cela, observez chaque sensation, interne ou externe, qui émerge, avec une aimable curiosité...

Exercice

Se connecter aux ressentis de votre corps agit comme un point d'ancrage pour votre attention. Votre esprit et votre corps prennent conscience l'un de l'autre, en harmonie. C'est votre maison, revenez vous y abriter, sans rien faire d'autre que porter votre attention sur ses différentes parties qui sont autant de pièces de votre demeure.

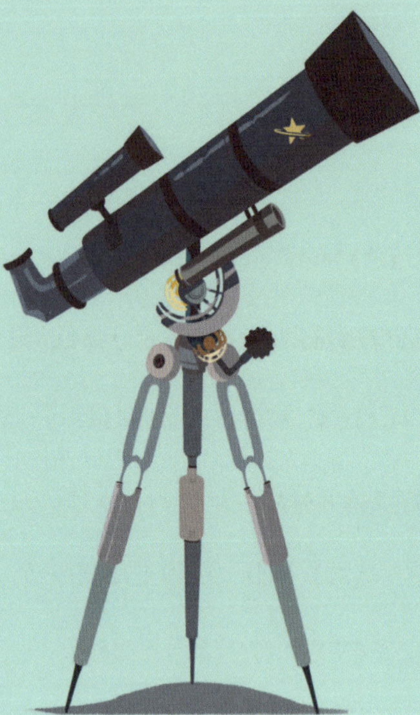

LA LUNETTE D'ASTRONOME

N. F.

Appareil d'optique permettant d'observer les corps célestes.

DÉFINITION

Au cours de la pratique méditative, on est invité à observer son corps et ses sensations, de façon détachée mais détaillée. Un peu comme lorsque le savant regarde dans sa lunette astronomique pour observer les étoiles.

Exercice

Portez votre attention sur chaque partie de votre corps en commençant par le sommet de la tête, jusqu'au petit doigt de pied, en passant par le visage, la nuque, la poitrine, le ventre... Essayez simplement d'écouter et de noter chaque sensation physique.

Exercice

Essayez de faire une cartographie détaillée de votre corps, comme un astronome, sans juger ou analyser les messages qu'il envoie : notez les endroits confortables, inconfortables ou neutres. Continuez à vous entraîner régulièrement pour bien ajuster votre lunette et devenir encore plus subtil et précis dans l'observation de vos sensations corporelles.

L'ÉTOILE DE MER

N. F.

Animal marin ayant une forme d'étoile.

DÉFINITION

Méditer de longues minutes dans la même position peut parfois être difficile pour le corps. À la fin de la méditation, lorsque le gong retentit, on peut s'étirer comme une étoile de mer.

Exercice

À la fin d'une séance, portez votre attention sur les sensations de chaque partie de votre corps ; notez si elles sont agréables, désagréables ou neutres. Puis, avant de reprendre vos activités quotidiennes, étirez-vous. Étirez chaque « branche » de votre corps : la main droite, la main gauche, la tête, la jambe droite, la jambe gauche et enfin la nuque et la tête.

EXERCICE

Peut-être avez-vous oublié de toutes petites étoiles de mer en vous étirant ! Je vous invite maintenant à étirer chaque doigt de votre main gauche : écartez-les au maximum, puis relâchez ! Faites de même avec la main droite, puis les deux pieds. Vous voilà encore un peu plus étiré !

LE BILBOQUET N. M.

Jeu d'adresse dans lequel il faut faire s'enfiler une boule percée sur une tige en bois.

Tout votre corps repose sur la charpente solide qu'est votre squelette. La juste posture pour méditer doit être digne, stable et solide, mais trouver cet équilibre requiert un peu d'adresse et de coordination physique, comme lorsque l'on joue au bilboquet.

Exercice

Tenez-vous debout, les pieds légèrement écartés. Portez votre attention sur votre squelette. Sentez vos pieds au contact du sol, tous les os de ceux-ci (talons, doigts de pieds, quelques cartilages aussi), vos chevilles, vos tibias : tous ces os soutiennent votre corps entier. Les genoux, les fémurs, puis le bassin prolongent ce support. Le bassin stabilise vos jambes mais supporte également le reste du corps via la colonne vertébrale. Sentez bien l'architecture de votre corps.

Exercice

Votre dos est droit, mais sans raideur. Remontez le long de votre colonne vertébrale, une vertèbre après l'autre. Rentrez dans les sensations de cette rectitude, cette verticalité. Respirez et essayez de ressentir les vertèbres et les côtes, qui bougent doucement à chaque cycle respiratoire. Notez les os de vos bras relâchés le long de votre corps. Puis la nuque et la mâchoire. La tête posée en équilibre en haut de la colonne vertébrale, entre les épaules. Enfin, soyez attentif à l'extrême sommet de votre crâne, qui est l'os le plus haut de votre corps. L'ensemble de ces os soutient votre corps tout entier.

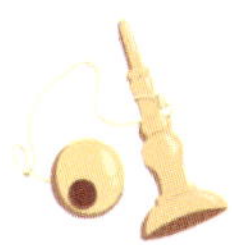

2

La respiration

Elle fait tellement partie de vous, de la vie, que vous n'y prêtez plus attention.

Inspiration..., expiration... Ces mouvements presque imperceptibles s'enchaînent sans que vous le souhaitiez consciemment, simplement parce que c'est ainsi.

Si vous plongez dans la pratique méditative, vous aurez le bonheur de vous (re)familiariser avec ce souffle, avec cet air qui rentre et sort par vos narines ou votre bouche et emplit votre corps.

Car le souffle est le support de la méditation.

En vous calant sur lui, en l'écoutant, vous allez réguler votre rythme cardiaque, mais aussi votre mental. Eh oui, en apaisant votre souffle, c'est toute l'agitation de votre esprit qui va en tirer les bénéfices !

Mais attention, il ne s'agit pas de contrôler cette respiration, de la contraindre. Au contraire, il vous faudra apprendre à l'accueillir, à la reconnaître pour ce qu'elle est, un souffle de vie qui vous traverse et sur lequel vous pouvez vous appuyer pour atteindre un état de conscience différent, plus ouvert, plus présent au monde.

Cela paraît si simple et pourtant… cela peut parfois s'avérer difficile à obtenir. Mais ne vous découragez pas. Pensez à ce souffle présent, ni à celui qui vient, ni à celui qui est passé. Juste à cet air que vous ressentez dans vos narines, à cet instant.

Allez-y, c'est votre tour !

LE VÉLO N. M.

Véhicule composé de deux roues alignées, dont la force motrice vient du conducteur, qui maintient l'équilibre en pédalant.

Comme pour le vélo, le méditant apprend patiemment à ramener doucement, et systématiquement, son attention vers son souffle, avec bienveillance. Cette technique devient progressivement automatique, instinctive, sans effort...
Ce micromouvement de balancier est le cœur de la méditation... et du cyclisme !

EXERCICE

Portez votre attention sur le début de l'inspiration, puis sur le cœur de celle-ci, quand l'aspiration de l'air est importante, et finalement sur la fin, lorsque le filet d'air se fait plus petit. Faites de même avec votre expiration. Notez cet effet de balancier qui vous maintient en vie, en équilibre. Faites cela plusieurs fois.

Exercice

Si d'aventure votre attention s'écarte de votre souffle, revenez-y avec bienveillance, sans forcer. Ces subtils mouvements de balancier qui vous écartent puis vous ramènent à votre souffle sont tout à fait normaux et sont le cœur de la pratique méditative.

L'ANCRE N. F.

Lourde pièce d'acier fixée au bout d'une chaîne qui, placée au fond de l'eau, permet de fixer le navire auquel elle est liée et de l'empêcher de dériver.

L'esprit a une tendance naturelle à dériver, à vagabonder. La pratique de la méditation utilise le souffle comme une ancre pour l'attention. Le souffle est toujours là, régulier et rassurant, même au milieu des tempêtes, et nous empêche de dériver.

Exercice

Contentez-vous de vous relier à ce que vous êtes. Faites une pause avec vous-même. Le souffle permet de vous ramener encore et encore à l'instant présent. Vous pouvez rassembler votre attention sur le souffle et vous connecter à votre respiration pour y parvenir. Comme un lieu où l'on peut reposer son attention, pour éviter qu'elle ne dérive. Il ne s'agit pas de penser à sa respiration, mais de la vivre avec tous les sens en éveil. Inspirez et expirez. Puis essayez d'habiter votre corps totalement, en le sentant aussi de l'intérieur. Ancrez-vous en vous-même !

EXERCICE

Mettez-vous debout, les deux pieds solidement posés sur le sol, écartés de la largeur des hanches. Laissez vos bras tomber le long du corps naturellement. Examinez mentalement les zones de contacts entre vos pieds et le sol… Quelle partie du pied ressent davantage le poids de votre corps ? Commencez par une marche lente. Marchez juste naturellement. Ne pensez pas à votre marche. Laissez aller votre respiration, pour qu'elle soit naturelle sans vouloir la coordonner à votre marche. Si pendant cette marche, votre attention vagabonde, fixez-la sur le souffle, puis revenez aux sensations liées aux mouvements.

LA HOULE N. F.

Train de vagues régulier, de longue période, non pas généré par le vent local mais par un vent lointain.

En prêtant attention au souffle pendant une méditation, on réalise qu'il est toujours là, mais aussi toujours différent : parfois court, parfois ample, parfois profond, parfois hésitant, parfois irrégulier... Comme la houle !

Exercice

Allongez-vous sur le dos et prenez trois belles respirations. Portez votre attention sur votre ventre et les vêtements qui le couvrent ; notez leur mouvement : ils montent puis descendent. Ils passent par des creux puis des hauts. Notez le rythme, notez l'amplitude. Comme si la houle parcourait votre corps.

Exercice

Votre mental est peut-être tout autant parcouru par une houle d'humeurs ou d'états d'âme. Remarquez les creux, les crêtes, les moments de plat aussi, notez leur éventuelle régularité. Ne cherchez pas à modifier les choses. Revenez toujours au souffle, sans jugement.

LE CHOCOLAT CHAUD N. M.

Boisson chaude qui apaise.

DÉFINITION

Afin de garder votre attention sur votre souffle, vous pouvez faire un exercice de visualisation et imaginer que vous inspirez de l'air pur, mais aussi de l'amour, du calme, ou juste quelque chose de savoureux comme un chocolat chaud. Vous pouvez aussi imaginer que vous expirez des tensions, des contrariétés, ou juste de l'air pour refroidir ce même chocolat chaud.

Exercice

Prenez votre boisson chaude devant vous. Gardez les yeux fermés ou mi-clos et restez bien immobile. De la fumée un peu chaude et humide se dégage du bol, penchez-vous pour vérifier si vous la ressentez sur votre nez, vos joues, votre front. Profitez de cet exercice pour être en contact direct avec vos sensations. Si votre boisson est trop chaude, aidez-la à refroidir : prenez une grande inspiration par le nez en gonflant votre ventre... Maintenant, soufflez doucement par la bouche. En soufflant, vos épaules redescendent et votre ventre se vide lentement.

Exercice

Laissez l'odeur de la boisson monter dans vos narines. Aimez-vous cette sensation ? Aspirez l'air qui a une bonne odeur du café, de thé ou de chocolat et remarquez que l'air qui sort quand vous expirez n'a plus d'odeur. Comme si vous l'aviez fait disparaître ou gardée en vous... Respirez encore quelques fois comme cela. En étant présent à votre souffle et vos sens, vous aidez votre attention à se poser et votre mental à s'apaiser.

LES AIGRETTES DU PISSENLIT N. F.

Sorte de petits pinceaux légers qui surmontent le pissenlit et que l'on a coutume de faire s'envoler en soufflant doucement dessus.

En portant votre attention sur votre inspiration ou votre expiration, il n'y a rien à atteindre ou à réussir, juste devenir le témoin curieux et émerveillé de ce qui se passe en vous et autour de vous. Comme lorsque vous soufflez sur les aigrettes du pissenlit qui restent accrochées, s'envolent, reviennent caresser votre visage avec le vent, puis disparaissent.

Exercice

Après vous être installé confortablement, prenez trois grandes respirations. Faites cet exercice de visualisation. Quand vous expirez, imaginez que votre souffle fait s'envoler les aigrettes du pissenlit. Si un certain émerveillement vous gagne devant cette magie de la nature, accueillez aimablement les pensées ou émotions qui peuvent faire surface.

Exercice

Prenez conscience de ce qui compose votre expérience : souffle, corps, son, pensée... Regardez danser ce qui traverse votre conscience comme vous regardez danser les aigrettes dans la brise. Permettez à ces pensées ou émotions d'être là. Mais restez dans le réel de votre souffle : vous êtes en vie.

LA MOUSTACHE N. F.

Ensemble des poils qui grandissent au-dessus de la lèvre supérieure chez l'homme (et parfois chez la femme...).

Afin de poser son attention sur le souffle, on est souvent invité à se concentrer sur la partie du corps où l'on ressent le plus le va-et-vient de l'air. Le bout du nez est parfois un bon candidat !

Exercice

Une fois assis, laissez se dessiner au coin de votre bouche un léger sourire. Prenez quelques longues et profondes inspirations. Essayez d'identifier l'endroit dans votre corps où vous ressentez le mieux votre respiration. Peut-être est-ce votre abdomen, votre poitrine, votre gorge... ou votre nez ! Notez les mouvements de votre poitrine, de votre ventre qui s'abaissent et s'élèvent, à leur rythme. Suivez l'air qui entre et qui sort. Puis laissez votre respiration se faire toute seule. Notez comment tout votre corps participe à votre respiration.

Exercice

Pour aller plus loin, mettez votre doigt sous votre nez, comme une moustache. Ressentez les caresses que l'air fait sur votre doigt à chaque inspiration et à chaque expiration. Restez ainsi quelques minutes. Vous pouvez compter les cycles respiratoires (inspiration et expiration) grâce à ce formidable « détecteur » de souffle. Cet exercice est notamment conseillé quand des pensées incessantes rendent difficile la pose de l'attention sur la respiration.

LA VAGUE N. F.

Lorsque le vent souffle sur un océan, une mer ou un lac, il crée des mouvements de surface sous la forme d'une succession de vagues, toutes différentes.

On peut parfois méditer en imaginant à chaque inspiration que l'air entrant dans les poumons est une douce vague qui déferle et diffuse son oxygène dans tout le corps, jusqu'au bout des bras et des pieds. Puis, on peut visualiser ce même air, chargé des tensions, se retirer du corps pour être expulsé par le nez ou la bouche.

Exercice

Allongez-vous et fermez les yeux. Imaginez que votre corps tout entier respire, que des vagues le remplissent, puis le vident. Laissez votre respiration se dérouler naturellement, sans la forcer. Contentez-vous de diriger toute votre attention sur le spectacle et le bruit des vagues glissant dans votre corps. Vos sensations corporelles sont alors peut-être formidablement présentes, ou pas du tout, au contraire. Laissez se présenter à votre esprit ce que vous ressentez.

Continuez ainsi en prenant plusieurs respirations encore. Ne cherchez pas à arrêter vos pensées, revenez sans cesse à votre corps qui respire. Votre corps est votre allié pour apprivoiser les soubresauts de vos pensées ou émotions : « On ne peut pas arrêter les vagues, mais on peut apprendre à surfer » (Jon Kabat-Zinn).

3

Les sens

Non, la méditation, ce n'est pas simplement se mettre dans un coin et se retirer du monde.

Pas plus qu'elle ne se contente d'en appeler à notre souffle et notre corps pour poser notre attention.

La méditation, c'est bien plus que cela : une ouverture au monde, à travers tous les sens, pour mieux l'apprécier et s'en régaler !

En nous apprenant à ne plus être en mode automatique, à ne plus effectuer nos tâches et nos activités sans y penser, la méditation nous amène à savourer ce qui nous arrive, à profiter des choses, à goûter à la vie telle qu'elle est. Dans toute sa beauté et sa saveur.

Ressentir l'eau sur notre visage quand il pleut, apprécier le goût d'un aliment lorsqu'on le mange pour la première fois (et même pour la centième fois !), savourer un coucher de soleil qui éblouit les yeux et le cœur. Autant de choses que l'on a tendance à ne plus voir, à ne plus apprécier, alors qu'elles font le sel de la vie.

En nous invitant à nous servir de tous nos sens, la pratique méditative modifie notre façon de voir le monde et de nous présenter à lui.

De le comprendre et de le savourer.

En apprenant à être présent au monde et à soi dans l'ici et maintenant, elle nous pousse à profiter de ce que la vie nous offre, sans chercher plus loin que le plaisir simple d'être là, entièrement, totalement.

LA MOUCHE N. F.

Insecte volant qui perturbe souvent les personnes qui entendent son bourdonnement caractéristique.

DÉFINITION

Lorsque l'on médite, il est parfois difficile de ne pas se déconcentrer ; il arrive souvent que, à l'instar de la mouche qui nous dérange, on soit gêné par un bruit, un son, une pensée intrusive.

Exercice

Asseyez-vous les yeux fermés, en vous « connectant » à votre souffle. Si, au bout d'un instant, une distraction extérieure survient (un son, une sensation physique, un insecte, une interruption par un proche), contentez-vous d'accepter, de laisser être. Cette perturbation est une chance et non un obstacle à surmonter : vous allez pouvoir entraîner votre attention. Notez avec soin son effet sur vous, sans vous laisser entraîner dans des tourbillons de pensées et d'émotion. Revenez au souffle.

Exercice

Fermez les yeux. Prenez conscience de la présence de votre souffle qui est solide, fidèle, régulier. Le corps est toujours dans le présent. Ancrez-vous dans votre corps. Si vous identifiez un inconfort qui vous gêne (sensation physique, son, odeur...), laissez-le tout d'abord s'installer et prendre de l'espace dans votre esprit. Puis observez vos réactions spontanées : notez que plus on essaie de chasser les pensées liées à cet inconfort, plus elles s'agitent. Prenez le temps de voir cet inconfort comme une curiosité à observer, comme un événement qui contient une part de réel et de physique, une part d'émotionnel et une part de mental.

LE RAISIN SEC N. M.

Fruit séché.

DÉFINITION

Le raisin sec est souvent avalé rapidement, sans que le mangeur s'attarde sur ses sensations. Méditer en mangeant ou manger en méditant permet de cultiver son attention et de redécouvrir ses faims.

Exercice

Placez un raisin au creux de votre main. Commencez à l'explorer en faisant appel à tous vos sens, comme si vous n'aviez jamais rien vu de tel. Notez sa couleur, ses plis, les zones qui réfléchissent la lumière ou qui sont mates. Servez-vous du toucher pour sentir sa texture : palpez les parties molles, dures, rugueuses ou peut-être lisses. Soyez juste conscient de cela. Portez-le à votre nez et notez soigneusement son odeur, s'il en a une. Puis, approchez-le de votre oreille, faites-le crisser ou rouler entre vos doigts et écoutez-le.

À présent, pour la suite de cet exercice, portez lentement l'aliment à votre bouche. Puis mettez-le délicatement sur votre langue, sans le croquer. Explorez seulement les sensations à l'intérieur de la bouche. Et quand vous êtes prêt, mordez délibérément dans le raisin sec et notez la saveur qu'il dégage. Mâchez lentement, soyez conscient de sa consistance. Avalez puis soyez attentif aux sensations de l'aliment qui descend dans la gorge, puis dans l'œsophage, jusqu'à l'estomac.

LA BROSSE À DENTS N. F.

Ustensile destiné à se laver les dents.

DÉFINITION

Être conscient, instant après instant, de ce que l'on fait permet de redécouvrir un certain nombre d'activités que l'on réalise souvent en pilote automatique, absorbé par son mental et loin de ses sens : se brosser les dents en est un exemple.

Exercice

Notez d'abord les bruits dans la salle de bains. Puis, soyez attentif à l'odeur du dentifrice que vous étalez sur votre brosse à dents. Remarquez sa texture et son goût alors que vous introduisez la brosse dans votre bouche et que vous réalisez les premiers mouvements. Restez conscient des bruits de va-et-vient de votre brosse, des sensations de la mousse qui grossit dans votre bouche, des sensations au niveau de vos gencives ou de vos lèvres...

Exercice

Après avoir sollicité chacun de vos sens l'un après l'autre, essayez d'élargir votre attention à tous les sens à la fois : vous pouvez tout à fait ressentir tout cela. Si votre attention vagabonde, revenez au sens qui vous semble le plus présent (ouïe, goût, odeur...). Vous êtes dans l'ici et maintenant.

LA DOUCHE **N. F.**

Jet d'eau dirigé sur le corps qui est généralement pratiqué pour des raisons d'hygiène ou dans un but thérapeutique.

DÉFINITION

La douche est une activité qu'on a parfois du mal à faire en étant pleinement présent. Pourtant, c'est une activité agréable pour l'esprit et le corps, au cours de laquelle on prend soin de soi. Malheureusement on l'effectue souvent machinalement, perdu dans ses pensées.

Exercice

Concentrez-vous simplement sur ce que vous êtes en train de faire alors que vous êtes en train de le faire réellement. Notez si votre esprit vagabonde : il se peut que vous soyez déjà en réunion de travail et que tous vos collègues soient dans la douche avec vous ! Revenez aux sensations de l'eau qui coule sur votre corps : est-elle chaude ou tiède ?

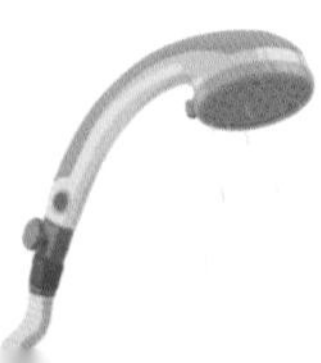

Alors que vous êtes sous la douche, ouvrez aussi vos autres sens : quelles sont les odeurs qui vous accompagnent dans cette activité ? Celle du savon, celle de la lessive avec laquelle vous avez lavé votre serviette... Y a-t-il des bruits particuliers : l'eau qui s'écoule, les bulles de savon qui éclatent ?

LE TÉLÉPHONE N, M.

Appareil de communication qui transmet la voix humaine sur une plus ou moins longue distance.

DÉFINITION

Nous avons tendance à nous précipiter pour faire nos activités, que ce soit nous laver, travailler, ou même répondre au téléphone. Nous ne prenons pas le temps de prendre le temps, justement. En cela, la respiration et la pratique méditative nous aident à nous poser.

Exercice

Lorsque vous entendez le téléphone sonner, restez où vous êtes, inspirez et expirez sereinement, écoutez avec attention la texture du son que vous entendez, souriez. Attendez trois sonneries avant de décrocher.

Exercice

Vous pouvez aussi imaginer que vous venez d'une autre planète ou d'une autre époque et que vous écoutez cette sonnerie avec une curiosité quasi scientifique : notez attentivement le son, observez ce qui se passe en vous. Comme vous n'avez aucune idée de ce qu'est cet appareil ou de ce que vous devez faire, notez les sensations ou les pensées qui surgissent en vous.

LES CACAHUÈTES N. F.

Petit aliment salé drôlement addictif.

Chacun peine souvent à contrôler sa consommation de cacahuètes. En discutant, on s'oublie, on les avale en pilote automatique : méditer permet d'en prendre conscience et de vraiment décider d'en manger ou non !

Exercice

Voici un petit exercice de méditation informelle à réaliser en plein apéritif, quand vous vous apprêtez à attraper quelques cacahuètes :
Arrêtez-vous. Prenez trois respirations, re-connectez-vous au moment présent et prenez conscience de l'expérience en cours.
Observez ce qui est en train de se passer : mettez-vous à l'écoute de vous-même, vos émotions, vos pensées, vos sensations corporelles. Soyez notamment vigilant si une certaine gourmandise impulsive frémit en vous.

Plutôt que de réagir automatiquement, profitez des quelques secondes gagnées sur votre geste instinctif pour choisir d'y répondre en pleine conscience sans jugement et avec bienveillance.

Si vous avez choisi de manger cette cacahuète, contentez-vous d'être présent à cette expérience de dégustation, avec une attention portée sans jugement à vos sens (vue, odorat, goût...), à vos mouvements de mâchoire, à votre environnement et à vous-même. Par exemple, vous pouvez utiliser la technique du grain de raisin vu précédemment.

L'ASCENSEUR N. M.

Appareil qui permet de transporter des personnes dans une cabine qui s'élève.

DÉFINITION

Méditer permet de découvrir un certain nombre de sensations internes auxquelles on ne prête souvent pas attention. On parle d'intéroception, qui permet de ressentir la faim, la soif, la douleur... ou même les va-et-vient verticaux de l'air dans le corps, dans la cage thoracique, comme un ascenseur qui vous apporterait de l'oxygène et repartirait avec le CO_2.

EXERCICE

Soyez attentif aux sensations de l'air qui passe dans vos narines, votre gorge et gonfle vos poumons. Toutes ses sensations font partie de vos sens, tout comme l'ouïe ou l'odorat. Ressentez les caresses, les frottements internes.

Exercice

Vérifiez que votre posture est droite. Laissez votre respiration se faire toute seule. Le souffle est comme un ascenseur le long de la colonne. Sentez son va-et-vient du coccyx jusqu'au sommet du crâne. Imaginez que ce souffle glisse comme un ascenseur qui imprime sa verticalité à tout votre corps.

4

Les émotions

Balloté par les émotions comme un bateau sur une mer déchaînée, voilà comment vous vous sentez parfois. Trop d'émotions, trop de sentiments, trop de tout !

Difficile de maintenir le cap, de vous sortir de ces montagnes russes émotionnelles.

Et pourtant... avec la méditation, vous allez vous entraîner à ne plus vous laisser dériver, à ne plus vous laisser emporter, mais plutôt à accueillir vos émotions.

Avec bienveillance, sans vous énerver, la pratique méditative va vous apprendre à accorder à ces soubresauts du cœur leur juste place. Car elles sont toutes utiles. Les ressentir pleinement sans vous laisser emporter, puis les laisser passer, voilà ce que la méditation vous permet de faire.

Parce que toutes ces émotions ne durent pas, parce qu'elles passeront à coup sûr, vous allez prendre conscience de leur impermanence. Les émotions sont un trait d'union mal connu entre le corps et l'esprit, car on peut constater leur présence dans les deux.

En vous concentrant sur le souffle, en essayant de ne pas juger, de rester neutre, mais présent à vous et au monde, vous allez pouvoir les laisser apparaître telles des bulles de savon qui finiront par disparaître en éclatant doucement devant vous.

LE FEU DE CAMP **N. M.**

Feu que l'on allume à l'extérieur, souvent au cours d'une veillée.

Face à un feu de camp, êtes-vous plutôt fasciné par la danse des flammes, soucieux du bois qui va manquer, ou amer de voir les efforts passés à ramasser du bois partir en fumée ? Méditer permet de s'entraîner à porter son attention sur l'instant présent, à ne pas laisser dériver ses pensées, ou, en tout cas, ne pas s'y arrêter.

EXERCICE

Installez-vous confortablement, arrêtez-vous, ressentez le mouvement de votre souffle. À la manière du feu de camp, regardez, s'il y en a, les émotions qui naissent en vous et repartent. Observez-les sans détour, sans jugement ; laissez-vous vivre l'instant présent...

Dans la deuxième partie de cet exercice, notez si vous vous laissez entraîner par l'analyse des causes d'une anxiété ou par l'anticipation du futur. Il faudra sûrement « faire ceci ou réfléchir à cela » plus tard, mais pour un instant, laissez votre attention exclusivement centrée ce qui est en cet instant. Restez là, à profiter de la douce quiétude du moment présent, finalement assez semblable à celle d'un feu de camp qui crépite.

LES BULLES DE SAVON N. F.

Bulles éphémères créées par le savon.

En méditation, il arrive qu'on se sente gêné par une posture, par des émotions, par des sentiments qui nous traversent. N'oublions pas alors qu'ils sont éphémères et passeront, comme les bulles de savon.

Exercice

Connectez-vous à votre souffle. Si vous êtes traversé par des sensations physiques, des émotions ou des pensées, contentez-vous de les contempler comme des bulles de savon que vous auriez faites, en les isolant et en les distinguant les unes de autres, sans jugement.

Observez comment, poussées par votre souffle régulier, elles vont disparaître doucement de votre esprit. Les pensées, les émotions qui s'envolent sont comme les bulles : elles vont se désagréger si on est assez patient. Laissez-les donc s'éloigner et s'évanouir, sans vous y accrocher mais sans détourner le regard.

LA CAPUCHE N. F.

Morceau d'un vêtement servant à se protéger des intempéries.

Méditer ne revient pas à s'isoler du reste du monde, dans sa bulle : contentez-vous d'ouvrir votre esprit à toutes les sensations, pensées, émotions, et accueillez-les avec bienveillance. Elles ne doivent cependant pas trop imprégner votre esprit, si bien qu'il est bon, parfois, de se couvrir d'une capuche pour les inviter à passer.

Exercice

Lorsque vous arrêtez tout pour méditer, essayez si possible de ne pas lutter contre les émotions qui envahissent parfois votre esprit ; gardez-les dans le champ de votre attention et laissez-leur de l'espace pour qu'elles puissent disparaître doucement, sans camper dans votre mental. Observer ce vers quoi elles vont vous pousser.

Exercice

Imaginez que, lors d'une promenade, vous êtes survolé par des oiseaux. Gardez un œil sur eux, c'est ainsi, ils sont là, tout près de votre tête. Si cela devient trop, alors que vous ramenez à nouveau votre attention à votre souffle, imaginez que vous relevez avec douceur votre capuche pour simplement empêcher les oiseaux de faire leur nid dans vos cheveux.

LA MÉTÉO N. F.

Ensemble des phénomènes atmosphériques, comme les nuages, la pluie, l'ensoleillement.

DÉFINITION

Nous sommes traversés par des sentiments et des émotions qui changent d'un moment à l'autre, comme la météo. Apprendre à les accepter et les laisser aller est l'un des piliers de la méditation.

Exercice

Asseyez-vous quelques instants en silence. Prenez conscience de votre souffle, puis de vos sensations, de vos pensées, et enfin de vos émotions et vos états d'âme. Pour vous aider, essayez de ressentir quelle est votre météo intérieure. Utiliser un terme un peu abstrait « il fait un beau ciel bleu dans mon esprit », « je sens qu'il pleut en moi » permet de qualifier ses états d'âme, ses humeurs, ce qu'on ressent, parfois mieux qu'avec un vocabulaire sophistiqué.

Exercice

Essayez toujours de rester aussi philosophe qu'avec la vraie météo : vous n'avez pas de prise sur les événements, sur vos émotions. Vous devez adapter un peu vos plans en fonction du temps qu'il va faire. Voyez votre tendance à juger. Laissez filer ces jugements, ne les combattez pas, ne les alimentez pas.

LE YOYO N. M.

Jeu d'enfant visant à faire monter et descendre un disque à l'aide d'une ficelle.

DÉFINITION

Nous sommes traversés par des émotions et des sentiments qui oscillent entre le positif et le négatif. Cette oscillation ressemble à celle du yoyo.

Exercice

Installez-vous en silence et laissez vous être. Soyez attentif pendant quelques instants aux sursauts émotionnels, mais aussi aux moments de « plat » émotionnel. Observez ce yoyo intérieur qui fait quelques va-et-vient, puis s'apaise. Observez comment votre mental passe d'une émotion à l'autre.

Exercice

Considérez vos émotions avec bienveillance, sans les laisser envahir tout votre esprit, sans les laisser capter toute votre attention. Ces émotions ne sont plus seules, vous êtes là, votre corps et votre souffle sont là. Elles ont de l'espace pour être, sous le regard bienveillant de votre attention. Écartez tout. Permettez juste à vos émotions d'être là, à votre joie, à votre souffrance, votre tristesse, votre affection, votre peur, votre colère d'être là, ici et maintenant. Faites de la place. Accordez à toutes ces émotions un espace vaste et ouvert, sans jugement...

LE SAC À DOS

N. M.

Espace de stockage que l'on transporte sur son dos, qui fait reposer le poids de ce qu'il contient sur les épaules.

Chacun de nous emporte avec lui beaucoup d'émotions, de conditionnements, d'héritages familiaux, de pression sociale, comme dans un grand sac à dos. Il est souvent lourd à porter d'autant que nous ignorons souvent le détail de ce qui s'y est accumulé. Prenons le temps de faire le tri pour l'alléger un peu.

Exercice

Prenez le temps de vous poser dans l'instant présent en prenant conscience de votre souffle, de votre corps, des sons qui vous entourent. Observez ce qui se passe dans votre corps et notamment les zones de tension. Si des émotions remontent à la surface, plutôt que les remettre dans votre sac à émotions, commencez par les accueillir telles qu'elles sont, et laissez les exister. Les émotions forment en effet un trait d'union entre le corps et l'esprit, car on peut les identifier dans l'un et l'autre. Prenez le temps de pleinement les découvrir et tenter, peut-être, de les apprivoiser. Si cela est naturel pour vous, laissez

remonter d'autres émotions et faites le tri en laissant filer celles qui sont inutiles. Voyez à quel point ce sac vous semble plus léger !

Dans votre quotidien, si de nouvelles émotions surgissent, essayez de les gérer à ce moment-là plutôt que de les mettre négligemment dans votre sac pour qu'elles s'entassent et alourdissent votre bagage émotionnel. Traitez-les au fur et à mesure : prenez le temps de mieux les connaître, d'éviter de leur donner les moyens de proliférer. Puis, laissez filer les négatives, identifiez celles qui sont utiles et portent un message...

LA POLLINISATION N. F.

Transport d'un grain de pollen depuis les étamines (organe mâle) vers le pistil (organe femelle), souvent aidé par les abeilles et les oiseaux.

Vous pouvez créer un élan collectif autour de vous, en inspirant les autres par vos changements, aussi subtils soient-ils. Les émotions, en particulier, se propagent parfois, comme le pollen qui passe de fleur en fleur grâce aux abeilles.

Exercice

Dans le cadre de votre journée, si vous êtes entouré de collègues, amis, voisins ou inconnus, livrez-vous à ce petit exercice de méditation informelle : amorcez un léger sourire, un demi-sourire, à peine visible, mais qui mobilise la plupart des muscles de votre visage (yeux, bouche, joue...). Puis croisez le regard de quelques personnes autour de vous. Observez si une forme de contamination positive se développe, pour aller, peut-être, vers un élan collectif.

Observez ce qui se passe en vous : que déclenche ce demi-sourire sur vos sensations physiques ou sur l'activité de votre mental ? Prenez quelques instants pour contempler cela, sans juger, avec bienveillance. Sans vous attacher à rien d'autre qu'à la qualité de votre présence, ici et maintenant.

5

Les pensées

La méditation, c'est donc se poser dans un endroit calme et arrêter de penser...
C'est souvent à cela que l'on résume, à tort, la pratique méditative !

Et bien, détrompez-vous ! La méditation, ce n'est pas arrêter de penser - ce qui est totalement impossible - mais une façon d'accueillir nos pensées sans nous laisser embarquer.

Imaginez que vous êtes devant une grande route sur laquelle roulent bon nombre de voitures. Vous êtes là, vous les observez passer, la rouge, la grise, celle qui va trop vite, celle qui traîne une caravane... mais vous ne montez dans aucune d'entre elles.

En méditation, c'est la même chose : on se tient loin du tumulte, on accueille ce qui vient, sans jugement, avec bienveillance. On observe...

Ne pas être esclave de son mental, voilà bien ce à quoi nous amène la pratique méditative. Pour qu'enfin, nous soyons plus détachés, que nous prenions du recul. Pour s'alléger, enfin, et ne plus être pris par des pensées qui nous pèsent...

LA CASCADE N. F.

Chute d'eau.

Dans le tumulte de la vie, il est souvent difficile de prendre du recul, de laisser aller les pensées sans s'y accrocher. Pourtant, en faisant un pas de côté, comme lorsqu'on s'éloigne de la cascade pour mieux la voir, on peut arriver à prendre du champ.

Exercice

Posez-vous un instant, au calme. Respirez doucement, sereinement. Si des pensées vous envahissent, comme le flot rugissant d'une cascade, faites un « pas de côté » ou un pas en arrière, prenez du recul par rapport à votre mental. Comme si vous vous écartiez suffisamment de la cascade, entre la paroi rocheuse et l'eau. Sans juger, analyser, ou essayer de contrôler ces distractions internes. Vous aurez alors un meilleur point de vue pour contempler la beauté de cette cascade de pensées… et l'accueillir avec bienveillance.

Exercice

Après avoir goûté les délices de l'instant présent, non dans l'action mais dans la contemplation, je vous invite à respirer tranquillement. Notez ces petits espaces entre la disparition d'une pensée et l'apparition d'une nouvelle. Prenez quelques instants pour apprécier cette distance qui vous sépare de vos pensées, une distance de sécurité en quelque sorte... Essayez de trouver la bonne distance en vous décentrant. Ne vous attachez plus à rien qu'à respirer en contemplant ce flot de pensées qui vont et viennent. Vous ne pouvez pas les contrôler ou les anticiper !

LA BOULE À NEIGE N. F.

Boule de verre dans laquelle voltigent des petits flocons lorsqu'on la remue.

L'esprit est comme cette boule à neige : tous les monologues intérieurs, les ruminations, les anticipations, les pensées quotidiennes en lien avec vos activités, les tourments… tout cela se mélange et crée un nuage bien opaque. Mais cette agitation mentale peut naturellement s'apaiser, sans effort, en méditant calmement.

Exercice

Asseyez-vous pour méditer quelques instants. Si des pensées obscurcissent votre mental, contentez-vous de ne rien faire, de rester patiemment là, de ne pas ajouter des pensées, pour ne pas agiter à nouveau cette timide et précaire sérénité. Observez comment, petit à petit, une forme de clarté mentale revient doucement.

Au bout de quelques minutes, peut-être pourrez-vous contempler avec ravissement l'instant présent… ou peut-être quelques autres pensées subtiles que vous ne distinguiez pas auparavant. Musclez ainsi votre capacité de discernement. Observez ces pensées pour ce qu'elles sont, des constructions mentales, et non ce qu'elles signifient ou ce qu'elles portent avec elles.

LA PLUIE N. F.

Eau qui tombe du ciel. Ses gouttes sont transparentes ou parfois opaques, chargées de poussière.

Avec un entraînement à la méditation, on peut apprendre à couvrir pleinement de son attention un objet (un son, une sensation, un goût...) pendant quelques minutes, sans interruption, comme une pluie qui tombe en rideau et imprègne tout.

Exercice

Imaginez que votre attention est comme une légère pluie dont les gouttes atteignent et imprègnent chaque surface exposée et n'en épargnent aucune : vous êtes pleinement attentif à tout ; à ce qui est, en vous et autour de vous. Remarquez peut-être si des pensées capricieuses perturbent votre mental, comme la poussière tourbillonnante d'un été trop sec. Accordez-leur alors cette même douce attention, sans juger, sans vous blâmer, sans analyser. Laissez ces perturbations se faire capturer puis absorber par votre attention régulière, tout comme la pluie

nettoie l'air de ses poussières. Notez si une forme de calme et de lucidité revient doucement. Cette clarté d'esprit est plaisante et permet de profiter encore plus du moment présent. Avez-vous vraiment des soucis, des problèmes en cet instant, alors que vous êtes assis là, à méditer ?

Reliez-vous à votre souffle. Vérifiez que votre posture est droite. Laissez votre respiration se faire toute seule. Alors que quelques pensées traversent votre mental, prenez un peu de recul pour constater combien l'esprit est spacieux.

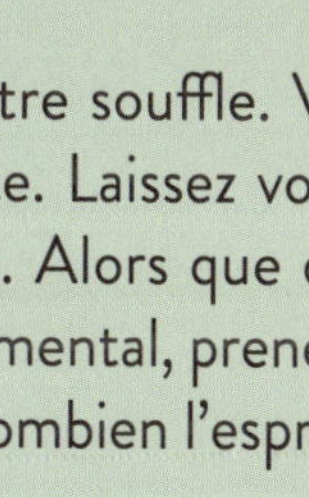

LE SERPENT N. M.

Reptile qui avance en ondulant et qui change de peau régulièrement.

Il est difficile de ne pas s'identifier à ses pensées, à ses raisonnements. Notre esprit est souvent absorbé par l'objet de nos pensées. La méditation peut vous aider à glisser hors du mental, comme un serpent se glisse hors de sa vieille peau.

Exercice

Laissez-vous quelques minutes de calme en vous asseyant sans rien faire. Notez toutes les constructions mentales qui surgissent peut-être dans votre esprit et vous entraînent loin de l'instant présent. Combien d'entre elles sont pilotées ou générées par votre ego (« MON temps est trop précieux pour méditer », « JE suis le seul à ne pas réussir à méditer » ?). Cet ego qui prend souvent un peu trop le contrôle de vos pensées ou de vos actes. À chaque expiration, essayez de reconnaître avec bienveillance ces pensées dictées par votre ego, et laissez-les se dissiper, comme toutes les autres pensées.

Exercice

En étant juste là, à ne rien faire d'autre qu'être conscient de l'expérience qui se déroule, imaginez que vous vous glissez hors de votre mental et de votre ego comme un serpent mue. Laissez tout cela derrière vous, pour ÊTRE, tel que vous êtes, sans couche de narration ou de protection. Restez ainsi quelques instants et notez vos sensations.

LA VACHE N. F.

Animal domestique qui rumine tout le jour.

On fait souvent les choses sans y penser, par habitude, comme la vache qui broute et rumine jour après jour. La pratique méditative permet de mettre à jour ces habitudes et de décider, ou non, d'en changer.

Exercice

Au cœur de votre journée, notez les situations que vous vivez quasiment en pilote automatique, malgré un environnement qui change parfois : le trajet pour aller au travail, les chamailleries dont le modèle se répète, les « bonjours » mécaniques. Prenez conscience de ces habitudes, avant de les observer avec tendresse !

Remarquez les éventuels phénomènes internes (nœud dans le ventre, douleur dans la nuque, tension dans le dos...) qui accompagnent ces habitudes et ces schémas qui se répètent. Laissez-vous alors la possibilité de choisir, en conscience, si vous voulez les changer ou pas.

LE POISSON ROUGE N. M.

Animal aquatique qui vit souvent dans un aquarium.

DÉFINITION

Il est important de changer l'eau de l'aquarium, pour ne pas que sa toxicité tue le poisson rouge, souvent sans qu'il le réalise lui-même. Sa vigilance est endormie par le confort apparent (nourriture en excès) et par la montée lente mais inexorable des toxiques. La méditation permet de mettre en lumière les pensées les plus négatives, comme les toxines de l'aquarium, et de s'y confronter.

EXERCICE

Portez votre attention aux pensées dont le volume est peut-être moins fort que les autres. Lorsqu'un changement se fait de façon suffisamment lente, il échappe à la conscience, et la vigilance s'endort. Pour une fois, essayez de mettre les pensées bruyantes au second plan, afin de laisser les plus discrètes au premier plan, sans pour autant les juger ou les analyser. Comme si c'était un exercice de musculation où vous feriez travailler certains muscles oubliés.

Restez ainsi en éveil et entraînez votre attention à identifier au plus tôt toute modification subtile en vous ou autour de vous. Vous serez alors en capacité de réagir en conscience si certains changements négatifs ou toxiques se produisent lentement et subrepticement. Vos prochaines décisions seront peut-être aidées par cette nouvelle lucidité et ce calme.

LE LOUP N. M.

Animal sauvage ressemblant a un chien qui a souvent mauvaise réputation.

Certains pensent que méditer permet de privilégier ses pensées positives et de chasser les négatives. Méditer permet au contraire de prendre conscience de ce qui est, positif ou négatif, sans jugement. Comme le loup que l'on réintroduit dans la nature pour de bonnes raisons, malgré la peur qu'on en a.

Exercice

À la fin de votre séance de méditation, prenez quelques instants pour vous connecter à ce qui est : agréable ou désagréable, joie ou tristesse, froid ou chaud. Sans jugement, sans fuir, sans vous attacher ni au positif, ni au négatif, sans ajouter des couches de narration inutiles. Quand on laisse « être », on constate que cette diversité confirme qu'on est bien vivant et apporte au fil du temps un équilibre et une sérénité. Notez aussi votre tendance à comparer (par exemple votre état de bien-être à celui du début de la séance ou d'une séance précédente). Laissez ces pensées passer, comme toutes les autres.

Exercice

Si votre mental est écartelé entre différentes préoccupations, prenez conscience que votre esprit est le leader de la meute : écartez fermement mais calmement votre attention de ces distractions pour la ramener vers l'instant présent. L'esprit est une référence stable capable d'appliquer une discipline douce mais ferme pendant ces séances d'entraînement.

6

L'INTENTION

Alors lorsque l'on médite, on ne fait rien ? Eh bien oui, en quelque sorte. On ne fait rien, mais on s'ouvre à tout.

Rien à atteindre, rien à réussir pourtant. On pose son attention sur les choses, on se tient prêt à les voir, à les ressentir, à s'ouvrir au monde, sans but, mais la conscience grande ouverte.

C'est le paradoxe de la pratique méditative : ne « rien » faire et recevoir tellement ! Pour ancrer cette pratique dans son quotidien, l'intention est essentielle ; elle alimentera la discipline douce qui amène à s'asseoir, chaque jour ou chaque semaine, pendant quelques minutes, pour prendre soin de soi...

Observer ce qui se passe en nous, le bon comme le mauvais, le trop-plein de pensées (souvent), comme sa rareté (moins souvent), et ne pas juger.

Accepter et attendre en toute conscience, ces aléas de l'esprit.

Accueillir avec bienveillance et sans juger, toutes ces pensées qui nous minent, ces émotions qui parfois nous dominent, et les apaiser, par le souffle, par la conscience qu'elles sont là.

Avec intention et attention.

LE CYCLE DE L'EAU N. M.

Parcours de l'eau sur terre, dans l'air et sous la terre.

Tout comme le cycle de l'eau, notre état mental change au cours d'une méditation.

Exercice

Asseyez-vous pour observer les mouvements de votre mental. Soyez curieux de ce qui se présente. Les premières minutes sont régulièrement comme une cascade : les pensées s'écoulent sans cesse avec fracas, car la source est juste là. Puis de temps en temps, de façon discontinue, elles se calment et se réveillent soudainement pour faire vagabonder votre esprit. On réalise finalement que celui-ci que l'esprit est très vaste et plutôt lisse quand on le regarde dans son ensemble. Même si certains courants agitent évidemment ses profondeurs.

Exercice

Inspirez, expirez. Prenez conscience de la présence de votre souffle. Sa présence est fidèle et régulière. Ce cycle de respiration fait alterner deux mouvements *a priori* contradictoires et qui pourtant se complètent. Comme le cycle de la nuit et du jour, du silence et des sons, de l'être et du faire, de la lune et du soleil. Pourtant chaque souffle est différent : parfois court, profond, léger, doux, puissant... Si bien que chaque séance se déroule différemment, même si le guidage est le même, et aboutit à un état toujours unique. C'est le miracle de l'instant présent !

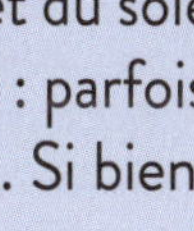

LE VERRE D'EAU N. M.

Contenant dans lequel est versé un liquide.

Dans la méditation, il n'y a rien à réussir, rien à atteindre, juste à laisser être. Comme le verre dont on essaie de stabiliser l'eau. Plus on s'acharne, moins le liquide sera lisse. Si on le pose et si on ne fait plus rien, l'eau se stabilisera d'elle-même.

Exercice

Notez votre tendance à vouloir forcer votre esprit à être calme, à résister aux éventuels vagabondages, à vouloir dompter votre mental : c'est normal, mais vous n'avez pas besoin de cela. Acceptez que pour un temps vous ne puissiez rien calmer de votre propre chef.

Exercice

Choisissez le bon moment pour pratiquer. Comme en voile, ce n'est pas un jour de tempête qu'on apprend à naviguer. Posez votre attention sur votre souffle puis laissez aller, en lâchant prise. Observez, si vous êtes assez patient, comment votre esprit va progressivement devenir un peu plus calme.

LA PLANTE VERTE N. F.

Plante qui nécessite un soin constant et régulier de la part de son propriétaire.

Méditer est une forme d'hygiène mentale : la pratique doit être régulière, même si elle ne peut être que brève parfois, comme lorsque l'on s'occupe d'une plante verte chez soi. Créer une habitude n'est pas toujours facile.

Exercice

Prenez quelques instants avant de vous asseoir pour méditer afin de penser à la fréquence de votre pratique. Pour quelles raisons décidez-vous parfois de ne pas méditer une journée ? Manque de temps, de disponibilité, de courage ? Vous arrive-t-il de vouloir parfois méditer une fois de temps en temps pendant un long moment pour « rattraper » le temps perdu ?

Exercice

Essayez de méditer un peu chaque jour, même 10 minutes, pour ressentir les effets de la méditation. Ou alors faites de courtes méditations informelles pour être présent à votre expérience du moment (marche, transport, repas, douche...).

LA TORTUE N. F.

Animal sauvage ou domestique caractérisé par sa carapace et sa lenteur.

DÉFINITION

La méditation permet d'apaiser l'esprit et de faire remonter à la surface des pensées, des idées d'une intensité créatrice rafraîchissante. Mais leur apparition n'est possible que lorsque les autres pensées, plus bruyantes, s'apaisent. Comme lorsque la tortue sort la tête de sa carapace quand tout est calme.

Exercice

Mettez-vous debout, les pieds légèrement écartés et les bras le long du corps. Ne faites rien pendant quelques instants. Puis relevez extrêmement doucement votre bras droit jusqu'à ce qu'il soit horizontal. Laissez-le redescendre encore plus doucement. Ralentissez encore. Puis faites la même chose avec le bras gauche. Soyez attentif à tout ce qui surgit en vous avec cette lenteur exagérée. Notez vos pensées, vos impulsions, vos tentations : désobéissez-leur pour être au rythme que vous avez choisi. Vous n'êtes pas « obligé », vous êtes en résistance !

Exercice

Après quelques minutes de pleine conscience, profitez de l'éventuel apaisement de votre mental pour vous mettre à l'écoute des signaux faibles. Pensez à un moment où vous avez été très créatif. Les idées ou les gestes vous venaient de façon déliée et naturelle, presque sans effort. Reconnectez-vous à vos sensations physiques d'alors. Puis, imaginez que vous êtes à nouveau dans la même situation. Invitez votre état créatif à réapparaître pour que vous puissiez mieux le contempler, l'apprivoiser, sans jugement ou attente. Soyez patient et refaites cet exercice fréquemment !

LA ROSE

N. F.

Fleur dont la tige est parsemée d'épines.

DÉFINITION

Lorsque l'on médite, on est souvent impatient d'apaiser son esprit. Mais c'est paradoxalement en essayant qu'on y arrive le moins ! De la même manière qu'on dit que la rose n'a d'épines que pour celui qui veut la cueillir, on prend d'autant plus conscience de l'agitation de son esprit qu'on souhaite l'arrêter.

Exercice

Notez si parfois vous vous impatientez ou si vous voulez à tout prix apaiser votre esprit et débrancher la prise de l'agitation mentale. Si vous êtes alors curieux de ce qui se passe, que constatez-vous ? Observez votre tendance à vouloir que ce temps accordé à la pratique soit « rentable ». Il n'y a pourtant rien à atteindre, rien à attendre, rien à réussir.

Exercice

Après quelques minutes de pleine conscience, faites l'inverse : laissez votre esprit faire ce qu'il veut, laissez-le penser s'il le souhaite, n'essayez plus de le contrôler ou de lui résister… Que constatez-vous ? Votre mental est-il aussi agité que lorsque vous vouliez un peu trop fort l'apaiser en début de séance ? Souvent c'est quand on lui laisse plus de liberté que le mental apparaît soudain comme plus discipliné, voire timide.

LA FONTAINE N. F.

Source d'eau vive qui sort de terre, souvent bienvenue en été, avec laquelle on s'hydrate ou on se rafraîchit.

DÉFINITION

Les exercices de gratitude en méditation permettent d'accueillir et de se réjouir de ce qu'on doit aux autres ou à la nature. S'imprégner physiquement de ces moments vécus permet de cultiver des émotions positives et donc, de laisser moins de place pour celles qui sont difficiles.

Exercice

Restez debout, prenez trois belles respirations par la bouche. Puis déroulez le film des événements agréables que vous pouvez considérer comme des « cadeaux » de la journée, et qui vous ont fait du bien. Accueillez avec bienveillance l'éventuel sentiment de reconnaissance qui survient. Félicitez et remerciez mentalement tout ce qui a permis à ces événements d'exister : les proches, la nature, la vie, tous les êtres humains... vous ! Envoyez un peu d'amour et de gratitude à tout ce petit monde. Il y a toujours quelqu'un qui a facilité ou qui a contribué à des moments heureux.

Imaginez que vous vous éclaboussez avec toute cette gratitude que vous vous envoyez et que vous recevez (sans doute à votre insu) de la part d'êtres humains autour de vous : vous avez sûrement contribué à la joie ou au bien-être de quelqu'un récemment. Imaginez que ces gouttes d'eau mouillent d'abord votre visage, vos cheveux, puis votre poitrine. Elles vous rafraîchissent et vous nettoient des doutes, difficultés, anxiétés, ou résidus d'ego mal placé. Vous voilà régénéré par ce petit exercice de psychologie positive.

L'OIGNON **N. M.**

Légume long à éplucher et qui peut faire pleurer quand on retire ses couches.

DÉFINITION

Des couches et des couches de personnalité se sont superposées en vous, construisant ainsi celui que vous êtes aujourd’hui - comme les couches de l’oignon. Si nous devenons conscients du niveau où vous êtes coincé, cette compréhension peut vous aider à dissoudre le blocage.

EXERCICE

Imaginez que vous êtes un oignon et tentez de percevoir au travers de vos sensations à quoi chaque couche de l'oignon correspond pour vous : faites-le, sans vous attacher, sans vous juger. Laissez d'abord peut-être passer les pensées et schémas liés à votre moi de façade, formel et poli.
Puis, si c'est le cas pour vous, reconnaissez tout ce qui est lié en vous à la couche des jeux et des rôles, souvent pilotée par l'ego. Acceptez la présence de chaque couche puis détachez-la, sans l'évaluer et sans la comparer.
Continuez ainsi à peler l'oignon de votre moi.

Si vous êtes assez patient, peut-être découvrirez-vous que vous avez tout retiré et qu'il n'y a plus rien.

Connectez-vous à votre souffle et à vos sensations physiques. À mesure que vos ressentis deviennent plus subtils, partez à l'exploration des différentes couches de votre intention et répondez en silence à cette question :
Quelle est votre vraie motivation pour méditer ?

7

L'OUVERTURE

Bien plus qu'une pratique que l'on fait seul, pour soi, avec soi-même, la méditation a cela d'incroyable qu'elle nous ouvre aux autres, qu'elle déploie notre conscience vers le monde.

En méditant, nous apprenons à être présents à lui, dans l'ici et maintenant, à travers toutes les fibres de notre corps et de notre esprit. Là, le bruit de la pluie, ici, la chaleur du soleil sur la peau, ici encore, le bourdonnement d'une conversation, comme la valse d'une abeille qui viendrait nous chatouiller l'oreille.

Plus encore, la méditation permet de faire de la place au milieu des pensées et des actes automatiques pour des pensées plus harmonieuses, des sentiments plus doux et, même, de la gratitude pour les autres.

Ainsi, plus en paix avec vous, vous êtes plus en paix avec le monde qui vous entoure, plus enclin à le savourer de tout votre être. N'est-ce pas un magnifique cadeau que nous fait ainsi la méditation ? Celui d'apprendre à être mieux avec soi, dans le monde, avec lui.

LA MARE N. F.

Lieu peuplé de batraciens qui arrivent à respirer par la bouche et par les pores de la peau.

Au-delà de la concentration, la méditation amène à ouvrir sa conscience à tout son environnement (bruit, image, odeur, contact...), à laisser ouverts tous les pores de son attention, comme la grenouille dans la mare respire par tous les pores de sa peau.

Exercice

Portez votre attention à votre souffle, au contact de votre corps avec la chaise ou le sol sur lequel vous êtes assis. Restez là, calme et posé, économe de tout mouvement inutile, toujours en éveil. Puis, ouvrez votre conscience à tout votre environnement (bruit, image, odeur, contact…).

Exercice

Portez à nouveau l'attention à votre souffle et notamment au parcours de l'air dans votre corps. Pour aller plus loin, imaginez maintenant que chaque partie de votre corps, chaque centimètre carré de votre peau, respire, comme les batraciens autour de la mare dont la respiration passe majoritairement par la peau.

LE DESSIN SUR L'EAU N. M.

Dessin éphémère sur une surface liquide.

Après un peu d'entraînement à la méditation, on constate que notre esprit peut parfois être calme et lisse. Nos pensées peuvent le brouiller un temps, puis disparaître doucement comme des dessins sur la surface de l'eau.

Exercice

Posez-vous quelques instants dans une posture confortable et digne. Imaginez que vous dessinez ou écrivez avec vos doigts à la surface de l'eau calme et silencieuse d'un lac immobile ; que se passe-t-il ? Sur l'instant, vous pouvez reconnaître ce que vous avez dessiné, mais ensuite, des vaguelettes ou ondes emplissent la zone de dessin et vous ne pouvez rapidement plus rien discerner. Si vous attendez encore, la surface redeviendra aussi lisse qu'au départ, mais les dessins et écritures auront disparu.

Exercice

Soyez curieux du fonctionnement de votre mental, alors que vous portez votre attention au rythme régulier de votre souffle. Notez par exemple lorsque votre esprit est parfois ainsi, calme et lisse, puis que des pensées viennent le brouiller avant de disparaître doucement comme ces dessins ou écritures sur la surface de l'eau. Si c'est une flaque, les ondes reviennent vite. Si c'est un lac elles disparaissent plus rapidement. Observez votre tendance à observer plutôt la naissance des ondes que leur disparition.

LE GRAIN DE SEL **N. M.**

Entité minuscule qui constitue le sel.

DÉFINITION

Comme le grain de sel se dissout dans l'eau, la méditation amène à ne faire plus qu'un avec la réalité qui nous entoure. Elle nous permet de nous ouvrir au monde pour mieux le percevoir.

Exercice

Portez sur la réalité un regard tel qu'il n'existe plus de frontière entre sujet et objet. Pendant quelques instants, vous êtes votre souffle, vous faites UN avec lui. Puis essayez d'être vos sensations corporelles... Enfin, votre attention n'a plus d'objet particulier. Laissez vous être, juste là, pleinement réel et authentique.

Exercice

Portez votre attention sur le souffle. Mais soyez vigilant à ne pas en rester à l'idée, à la représentation que vous vous faites de lui. Notez votre tendance à penser ce que vous faites, plutôt que le vivre pleinement, en prise direct avec ce qui est. Sinon vous risquez de vous attacher au souffle, aux sensations du corps en tant que pensées et non expériences, en espérant éviter ainsi de vous faire entraîner par d'autres pensées ou émotions.

L'ARBRE TOMBÉ N. M.

Grand végétal abattu par un événement extérieur, comme une tempête par exemple.

DÉFINITION

La pratique méditative nous apprend à ne plus nous focaliser uniquement sur les pensées ou les sentiments douloureux, mais à nous ouvrir à toutes les pensées et les sentiments qui nous traversent. Comme la chute d'un arbre n'est pas la chute d'une forêt entière, la méditation nous permet de reconnaître que la douleur n'est pas tout.

Exercice

Posez-vous dans votre souffle comme dans un hamac. Si des inconforts semblent vous perturber, soyez curieux de cela. Notez la place que prend dans votre esprit une douleur ressentie dans votre corps : alors que certaines zones du corps sont confortables ou neutres, observez à quel point votre attention est spontanément attirée par la douleur ou les inconforts.

Exercice

Soyez ensuite attentif à votre tendance à ajouter par-dessus cet inconfort des histoires et de la souffrance. Méditer peut aider à élargir, à ouvrir la conscience pour prendre en compte la douleur, qu'il ne s'agit pas de fuir, mais aussi tout le reste des sensations, pensées ou émotions.

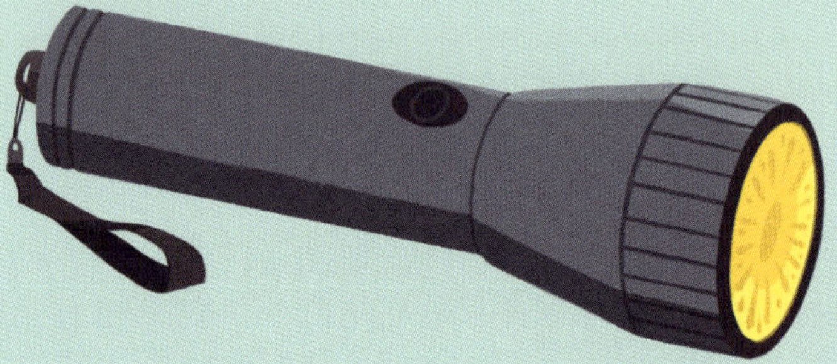

LA LAMPE N. F.

Source de lumière.

En travaillant sur l'attention, la méditation permet de se connaître mieux, de mettre en évidence le rôle de ses pensées, de ses émotions et de son ego.

Exercice

Imaginez que votre attention est comme une lampe torche : grâce à elle, avec elle, éclairez d'abord le parcours de l'air dans votre corps, puis vos sensations corporelles, puis vos pensées ou émotions. Devenez le témoin de ce qui se passe en vous et autour de vous.

Imaginez que l'énergie de cette lampe provient de vos sourires apaisés et des battements de votre cœur. Imaginez qu'en brillant ainsi, cette lampe torche éclaire avec bienveillance des zones brillantes, comme des zones plus sombres, sans faire de différence.

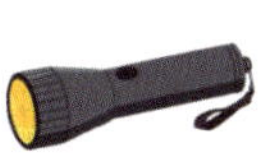

LE LEVER DU SOLEIL **N. M.**

Moment de la journée où le soleil apparaît de nouveau.

De même que le soleil qui se lève éclaire d'abord le haut du grand arbre qu'il connaît bien, puis l'arbre entier, puis le bosquet et enfin la forêt entière, méditer permet d'envoyer à chacun votre attention mais aussi un peu d'amour et de compassion.

Exercice

Installez-vous confortablement, posez-vous, fermez les yeux. Portez successivement votre attention vers quatre personnes : vous, une personne chère, une neutre, une hostile. Pour chacune d'entre elles, et si vous êtes à l'aise avec cela, prononcez intérieurement trois fois les phrases suivantes avec sincérité, en imaginant qu'elles agiront comme les rayons du doux soleil :

1. Que tu sois en sécurité et protégé.
2. Que tu sois en bonne santé physique et mentale.
3. Que tu sois heureux.
4. Que tu vives une vie douce et paisible.

Puis, comme le soleil qui éclaire, laissez votre compassion éclairer successivement ces divers individus. Réalisez qu'ils sont « juste comme vous », avec des souffrances dont ils veulent se libérer, des désirs, une envie d'être heureux. Et concluez par cette phrase « Juste comme moi » avant de passer à une autre personne.

LA MARMITE N. F.

Gros plat traditionnel utilisé pour faire mijoter sa cuisine, mais souvent difficile à laver en raison de ses qualités d'adhérence.

Méditer aide à lâcher prise et à patiemment faire la place à la joie et à l'appréciation, mais requiert un peu de vigilance pour éviter de s'y attacher.
La cuisson dans une marmite pour rendre un plat digeste est assez semblable : le risotto devra être constamment surveillé alors qu'un pot-au-feu un peu moins.

Exercice

Observez, après quelques respirations, votre tendance à vouloir vous détacher de vos inconforts, de vos souffrances ou de même votre ego en méditant. Or c'est parfois très difficile, et votre pratique peut être perturbée par cette attente forte. Entraînez-vous plutôt à ne pas vous y attacher dès que vous en faites l'expérience, grâce à une vigilance de tous les instants.

Exercice

Quand le moment est approprié, entraînez-vous également à apprécier les plaisirs, joies, bonheurs de la vie, mais sans vous y attacher non plus. Notez votre tendance à l'accumulation, à créer de nouveaux besoins, à en réclamer toujours plus. Ne vous culpabilisez pas d'être ainsi, c'est normal. Savourez pleinement, mais libérez-vous doucement, chaque fois un peu plus, de cette addiction qui pourrait un jour vous jouer des tours.

Merci à chacun de vous d'avoir lu ce livre !
Si ce n'est pas déjà fait, je vous invite
à commencer doucement la pratique
de la méditation, ce n'est qu'ainsi
que vous pourrez vivre tout ce que
cela changera en (et pour) vous.

www.petitbambou.com

TABLE DES MATIÈRES

MARABOUT
s'engage pour l'environnement
en réduisant l'empreinte carbone
de ses livres.
Celle de cet exemplaire est de :
700 g éq. CO_2
Rendez-vous sur
www.marabout-durable.fr

PAPIER À BASE DE
FIBRES CERTIFIÉES

Imprimé chez Graficas Estella en Espagne en janvier 2017
Pour le compte des Editions Hachette Livre (Marabout)
58, rue Jean Bleuzen – 92170 Vanves
Dépôt légal : janvier 2017
ISBN : 978-2-501-11990-0
7273452/02